Poems to My Son

Poezii pentru fiul meu

CEZARA MISSING

To my Son, Clement Ioan

Fiului meu, Clement Ioan

CUPRINS / CONTENTS

NAŞTEREA

E marţi dimineaţă, mai.
Soare, lumina albă.
Masa de operaţie e înaltă
ca un altar.
O treaptă îmi dispare sub picioare.
Paşii rămân în aer.
Inima bate în afara corpului,
pe ecrane.
Vocile se întretaie ca nişte fire nevăzute.
Inima bate în afara corpului,
în timpane.
Masa e albă şi rece ca o lespede.
Prin fereastră - Acoperişul Lumii.
Lumina albă devine din ce în ce mai albă.
Doar o clipa ne desparte.

BIRTH

It's Tuesday morning, May.
It's sunny, the light is white.
The operation table is high
like an altar.
A stair disappearing under my feet,
steps suspended in the air.
My heart is beating outside the body,
on the screens.
Voices are intermingling
like invisible threads.
My heart is beating outside the body,
in the eardrums.
The table is white and cold like a marble slab.
Through the window - I'm seeing the Roof of the
World.
The Light is getting whiter and whiter.
Just one moment between us.

ÎNGERUL MONGOL

Fiul meu doarme cu braţele deschise.
Angelus novus.
Fiul meu priveşte Îngerul Mongol.
Rafael, cu aripi înalte,
Rafael, pescar.
Între cer şi pământ atârnă un somn imens.
Visele nevisate, sclipesc -
solzi în soare.
Valul lui Hokusai încleştat filigran tresare.
Pescuirea minunată.
Braţul drept, braţul stâng,
Tu.

THE MONGOLIAN ANGEL

My son is sleeping with his arms open.
Angelus Novus.
My son is observing
The Mongolian Angel.
Raphael, with high wings,
Raphael, the fisher.
Between sky and the earth
an immense catfish is hanging.
The undreamt dreams -
scales glistening in the sun.
Hokusai's wave startles filigree.
What a miraculous Catch of Fish.
Right arm, left arm,
You.

DESPRE CUM SUNT ÎNGERII

Solitari, în chilii de eter
sau oştirea binelui, stoluri în cer.

Trup unic cu multiple tâlcuri,
sau primordiale, măiestrele pâlcuri.

Făpturi translucide, cu solzi de lumină,
sau taine opace, în voaluri de smirnă.

Serafice chipuri, lumea stihiilor,
sau heruvimi blânzi, ca ochii copiilor.

Tăcuţi ca un gând, cuibărit în suspans
sau cu voce înaltă şi ritualic dans.

ABOUT ANGELS

Solitary dwelling in transcendental cells
or armies of Goodness, ethereal wells.

Unique constitution of multiple meanings,
or primordial cluster of the very beginnings.

Translucid beings, with scales of light,
or mysterious myrrh, opaque like the night.

Seraphic visage, inhabiting skies,
or humble cherubs, with those children's eyes.

Silent like thoughts, nest in suspense
Or divine choreography, ritual dance.

MOZART

Fiul meu îşi înalţă braţele,
apoi le coboară.
La radio Mozart e spre final.
Mâinile se întind
spre o orchestra nevăzută,
ochii caută un punct de sprijin.
Mozart e un testament.
O copilărie muzicală.

MOZART

My sun is lifting
and then lowering his arms.
It's Mozart on the radio.
He stretches his arms
towards an invisible orchestra.
His eyes are looking for a fulcrum.
Mozart is a legacy.
A musical childhood.

HOMO LUDENS

Îți citesc din Pablo Neruda
despre un om care iubea o stea,
ascunzând farul lui strălucitor,
desprins de pe cer,
în cotloanele existenței.
Mâinile tale, întinse spre imagini colaj
întruchipează forme în aer,
ca siluetele lui Jean Arp.
Mai târziu, le voi numi mâini de sculptor,
mâinile tale, ale începutului, mâinile făgăduinței.
Apoi, într-un ceas furat somnului,
Mi-aduc aminte de un poem în doua versuri,
spunea doar atât:
Sunt copii în Sirius.
Cât îmi plăcea că era atât de scurt,
atât de simplu, de direct spus
acest adevăr,
adevărul unei stele.
Axioma unei copilării
pe un corp în spațiu,
pe care mi-l imaginam perfect rotund,
străbătut de glasuri,
o minge rostogolită
pe plaja siderală.
Ochii tăi perfect rotunzi,
ochii adevărului
au învelit steaua lui Pablo Neruda
într-o întrebare.

HOMO LUDENS

I'm reading to you from Pablo Neruda
about a man who loved a star.
He was hiding away his luminous sphere,
removed from the sky,
in the recesses of his existence.
Your hands, stretched towards the collage images,
trace airy shapes,
like the silhouettes of Jean Arp.
Later on I will call them sculptor's hands,
your hands of beginning, promised hands.
Then, in a sleepless moment, I remember a two
verse poem.
It just said:
There are children in Sirius.
I loved it, because of this simple truth, so directly
announced.
The truth of a star.
The axiom of a childhood
spent on a celestial body,
which I imagined perfectly round,
crossed by voices,
a ball rolled over the sideral coast.
Your perfectly round eyes,
the eyes of truth
wrapped Neruda's star
into a question.

TOAMNA

Toamna e un poem.
Soarele este spaţiu,
timpul este roadă,
lebăda este luntre.

Cerul este galop
de cai albaştri,
de coame galbene,
de cerbi, de Franz Marc.

Fiul meu este lumină
din Lumină
în toamna lui dintâi.

FALL

Fall is a poem.
Sun is space,
time is fruit.
The swan is a boat.

Blue horses
with yellow manes
and galloping deers
are crossing a sky
by Franz Marc.

My son is light
From the Light.
This fall is his first.

PSALM

Fiul meu - în prag de cuvinte,
neînţelese şi le-aduce aminte:

Mari şi sonore,
rotunde, pătrate,
lucii, minore,
silabe mimate.

În aer plutesc
cuvintele prime.
Din nimic zvâcnesc
vorbitele rime.

Doamne, nu pune strajă
cuvântării senine.
Lasă, lasă pruncul
să vorbească de Tine.

PSALM

My son is on the verge of words.
Ungrasped he remembers them.

Huge, echoing loud,
round or square even,
tiny and silver
imitated, driven.

These are the prime words.
Unveiled, slowly revolving,
out of nothing and inwards,
mysteries solving.

Lord, please don't silence
this serene speech.
Instead, teach the child
about you to preach.

CU NUME DE APĂ

La granița țării, dincolo de hotarul uitării,
era un oraș cu nume de apă.
Prin inima orașului
trecea o arteră străină,
ca un destin al locului.
Pe E85 se întâlneau la Bobotează
Trei-patru Biserici, să meargă la Apă.
Iordanul autohton, în care se boteza Dumnezeu,
se revărsa apoi în minuscule căni.
Cu mâini curate aducea Bunica Iordanul în căuș,
de pe malul cu cruce de gheață,
pe E85 și apoi pe Lațcu Vodă,
pana la blocul I.
Și mai apoi, până în Vest, la copii.
Cu gust de busuioc și foarte rece,
Apa sfințea casele și pe oameni.

SACRED WATER

At the land border, beyond the boundaries of
oblivion,
there was a town bearing the name of a water.
A distant artery was crossing its heart straight,
like a destiny.
Every year on the occasion of the Epiphany,
There-four church communities were coming
together on the E85,
to pilgrim towards the River.
The local Jordan, in which God was being baptized,
used to overflow into tiny cups,
as if for joy.
Grandmother was sheltering River Jordan
in her clean hands,
Carrying it from the sculptured ice cross on its
banks,
along E85 and Lațcu Voda, to the block lettered "I".
Her journey continued towards the Western
quarter,
to her children.
Tasting like basil and crystal cold,
the Water was blessing homes and their people.

CLUBUL DE ȘAH

Bunicul nu mai mergea demult la Clubul de Șah.
Oricum Bunicul era de vreo doi ani în cer.
Clubul de Șah se mutase înaintea lui,
de pe Strada Castanilor altundeva.
Bunicul a privit îndelung
cum doi cai au ținut o vreme în șah un rege.
Coamele lor, în afara timpului.
Regele cu păr alb, precum coama cailor albi,
cu mersul legănat, din pătrat în pătrat,
fără baston.
Pe Strada Castanilor se instalase iarna
și castanii erau și ei albi ca niște piese de șah albe,
într-un ianuarie pe sfârșite, care nu s-a mai sfârșit.
Margareta Mușat în fața fostei Policlinici
este și astăzi. Regina albă
dintr-o partida de șah.

THE CHESS CLUB

Grandfather wasn't going to the Chess Club
anymore.
He's been in heaven for two years now anyway.
However, the Chess Club moved before him,
from the Chestnut Street somewhere else.
Grandfather contemplated
how two horses kept the king in check for a while,
their manes - beyond time.
The king's hair was white, like the white horses'
mane.
He used to walk slowly, from square to square,
never used a cane.
One day winter settled in the Chestnut Street.
The chestnuts were white, like white rooks,
bishops, knights and pawns.
That late January never came to an end.
Margareta Mușat, in front of the old Policlinic
is still standing. The white queen
of a game of chess.

NICHITA STÂLPNICUL

De ceva timp mă gândeam la un portret
al poetului Nichita.
Nichita Stâlpnicul l-aş numi.
L-aş aşeza la marginea timpului,
unde poetul s-a aflat adesea.
Stâlpul - o Coloana Dorică.
De pe capitel, Nichita
ar însingura cuvintele,
măsurându-le
latura, volumul, vidul, incandescenţa,
şi alte trăsături fizico-geometrice.
Astfel ar dibui poetul imperfectul -
ancora memoriei.
Stâlpnicul Nichita ar trece apoi în
Calendarul Cuvintelor, cu roşu.
Dar Poetul s-ar împotrivi acestui demers.
Aşa că l-aş aşeza mai degrabă
pe un cal sacru, ca al Sfântului Gheorghe,
să cutreiere cu el câmpii luminii în zori,
tăcerea să o facă zob şi tinereţea fără
de bătrâneţe.
Calul ar putea fi unul neîmblânzit,
de-al lui Marino Marini.
Dar niciun cal străin nu l-ar purta pe poet.
Nichita ar încăleca doar pe un cal roşu,
din zestrea lui de obiecte cosmice.

NICHITA THE STYLITE

I've been thinking about a portrait
of the poet Nichita for quite a while.
Nichita the Stylite I would call him.
I'd place him at the margins of time,
where he often dwelt.
The Pillar - a Doric Column.
From the chapter the poet would isolate the words,
measuring their sides, volume, void, incandescence
and other physical and geometrical features.
This is how the Poet would grasp the Imperfection,
which is the Anchor of Memory.
The Stylite would then enter the Words' Calendar,
marked in red.
But the Poet would not agree upon this.
Therefore, I'd rather place him on a sacred horse,
like the one of Saint George,
so that he gallops the fields of light at dawn,
breaking silence of an endless youth.
The horse could be an untamed one, like Marino
Marini's.
But no strange horse could carry the Poet.
Nichita would mount only a red horse,
from his treasure of cosmic objects.

MONTMARTRE

Ninsese peste noapte,
dar s-a topit.
E soare, pavajul luceşte.
Copacii goi desenează
fractali pe cer.
Străzile sunt mute.
Au dispărut pictorii
din Montmartre.
Portrete fără model se aşează
în grupuri de câte trei, la mese.
Portrete de lockdown, în cărbune,
într-un oraş desenat, fără nume.

MONTMARTRE

It snowed overnight,
but it melted.
It's sunny, the pavement shining.
Naked trees draw fractals on the sky.
The streets are mute.
The painters left Montmartre.
Portraits without models
sit in groups of three, at the tables.
They are lockdown portraits, in charcoal,
from a sketched city, without a name.

EPIFANIE

Isus în Iordan -
Coloana Nesfârșitului.
La Târgu Jiu,
s-au așternut heruvimii -
zăpadă peste Masa Tăcerii.
De-a dreapta și de-a stânga Porții Sărutului
stau de straja doi Arhangheli.
Ioan, în haina lui din păr de cămilă,
aleargă cu Iordanul la genunchi.

EPIPHANY

Jesus in the Jordan River -
The Infinite Column.
In Târgu Jiu
the cherubs came down like snow
over the Table of Silence.
At the right and at the left side
of the Gate of the Kiss
two Archangels are standing guard.
John, clothed in camel's hair,
is running with the River Jordan at his knees.

OCHI

Acest organ încercănat
este o sferă grăitoare.
O plăsmuire cu nume de floare.
Ochiul este năvod de culori,
fereastră cu arcadă
din Arhitectura sacră,
după chip şi asemănare.
Seismograful durerii,
Căuşul, focul, totul.
Ochiul vindecă.
Adică se înrudeşte cu lumina.
Ochiul clipeşte.
Adică măsoară clipa.
Ochiul măreşte.
Adică este sărat ca marea.
Ochiul arde.
Adică este nesfârşit, ca Sahara.
Sâmburele adevărului.
Pâlnia vicleşugului.
Semicercul amurgului.
Ochiul se deschide
ca dimineaţa dintâi.
Ochiul se închide aici
şi se redeschide dincolo.
Ochiul este hotar.
Hoinar,
nucleu,
cântec,
descântec,
semn.

EYE

This organ surrounded by circles
is an eloquent sphere.
A pigment, named after a flower.
The eye is a net for colors,
arched window
from a sacred Architecture,
"his image and likeness".
The seismograph of pain,
The depth, the fire and every single thing.
The eye heals,
which means, it is related to the Light.
The eye blinks,
which means, it measures the moment.
The eye magnifies,
which means, it is salty like the sea.
The eye burns,
which means, it is endless, like Sahara.
The core of Truth,
the funnel of deceit,
the semicircle of dawn.
The eye opens
like the first morning.
The eye closes here
and reopens beyond.
The eye is a threshold.
Wanderer,
nucleus.
incantation,
enchantment
sign.

ROATA OLARULUI

Fiul meu priveşte spre roata olarului.
Trupul de lut se înalţă alb,
apoi se prăbuşeşte.
Din căuş apare un ou,
din ou ţâşneşte o pasăre.
Măiastră e pasărea însetată de zbor,
un cuib îşi clădeşte într-un ulcior.
Din ulcior creşte o amforă.
Pasărea este deja pe cer,
vinul în amforă e o inimă de rubin,
pe roata olarului.

THE POTTER'S WHEEL

My son is watching the potter's wheel.
The white clay raises,
then collapses.
Out of the potter's hands
an egg appears.
From the egg a bird is bursting.
A magic bird, for the flight thirsting.
It builds a nest into a jug,
the jug becomes an amphora.
The bird is already in the skies,
while the wine in the amphora is ruby like a heart
on the potter's wheel.

ÎNVIE DUMNEZEU

Fiul meu ascultă
vestirea Învierii Fiului lui Dumnezeu.
Ochii lui cercetează metaforele Luminii.
Fiinţa lui încă nouă pe pământ pare răscolită
de o amintire ancestrală.
Piatra din faţa Mormântului
este în suspans ca obiectele lui Magritte,
tulburătoare, solitare, fără de legile gravitaţiei.
Iată, roca nu este nici pe pământ, dar nici în cer.
Şi totuşi, castelul este clădit pe coasta ei.
Iată, cuvintele fiului meu sunt nici rostite, nici
nerostite.
Şi totuşi pe Fiul Omului miraculos îl cheamă.

RESSURECTION

My son is listening to the Word
about the Resurrection of the Son of God.
His eyes are investigating the metaphors of Light.
His being, still new on earth,
looks moved by an ancestral memory.
The stone before the Tomb
is suspended like Magritte's objects.
Disturbing, solitary, beyond the laws of gravitation.
Look, the rock is neither on earth nor in the sky.
And still, the castle has been built upon it.
Look, my son's words are neither spoken nor
unspoken.
And still, he miraculously calls for the Son of Man.

AEREI

Un stol se prăbuşi
în roua indigo.
Un necunoscut, nebănuit
stol sideral.
Uitasem că sunt avioane
metalice, efemere.
Păreau luminoase şi pulsând
ca nou-născuţii.
Uitasem ca erau ancore
persistente, din plumb.
Zburând deasupra noastră,
ne aminteau de noi înşine.
Ca o odisee se îndepărta stolul
iar deşertul rămase liber.

AEREI

A flock of birds fell down
in the indigo dew.
An unknown, unexpected
space flock.
We forgot that these were
airplanes
metallic and ephemeral.
They seemed light and pulsating
like the newborn.
We forgot that these were anchors
Lingering, lead.
Flying above us,
they reminded us of ourselves.
Like an odyssey the birds were departing
and the desert was finally free.

VENUS CU SERTARE

Ne-cuvintele erau rame atârnate strâmb.
Lăptoase mase digital-albastre.
Adâncimea existenţei monocrome
era suprarealistă precum corpul cămilei
în urechea unui ac de argint.
Babel cu sertare şi
orchestra stră-cuvintelor.
Acolo încep necuvintele.
Oglindite în voci virtuale, virtuoase,
lungi ca umbra lungă a unei lebede,
ca somnul macului
şi ca visul ne-născuţilor.

VENUS WITH DRAWERS

The non-words were like twisted frames.
Milky masses, digital-blue.
The depth of a monochrome existence
was surreal like the camel
through the eye of a silver needle.
Babel with drawers
and the orchestra of the pre-words.
This is where the non-words have their origins.
Mirrored by virtual, virtuous voices,
long, like the long shadows of a swan,
like the sleep of a poppy field
and like the dreams of the unborn.

NIJINSKY

Corpul tău e o rugă,
o ruga articulată, melodică.
O furtună e corpul tău,
greu și imponderabil deopotrivă.

NIJINSKY

Your body is a prayer,
an articulated, melodic prayer.
A storm is your body,
Both heavy and weightless.

OMEN

Proiecţia zborului pe chipul tău e un semn.
Între stele şi furnici
călătoreşte umbra unui vis
ireversibil ca lumina.
Tu, acasă al meu, eşti un corp ceresc.
Drumurile tale şi drumurile mele
se întretaie
ca într-o oglindă cosmică.

OMEN

The projection of flight on your face is a sign.
Between stars and ants
a dreamy shadow pilgrims,
irreversible like the light.
You, my home, are a celestial body.
Your path and my path
cross each other
like in a cosmic mirror.

ALB

Albă e casa de pe strada mea şi soarele la miezul
nopţii.
Ferestre albe, ramele de argint ale cortului.
Albul desparte cuvintele
Iedera străbătând prin pereţi, înăuntru
Dragostea e albă
ca viteza luminii.

WHITE

White is the house on my street and the midnight
sun.
White windows, silver framed, of the caravan.
White - and words divide.
The ivy bursting through the walls inside.
White the love,
the speed of light.

Cezara Missing are un doctorat în Predarea limbii germane ca limbă straină şi limba a doua. A studiat Limba şi literatura germană şi engleză în Iaşi, Kassel şi Göttingen. Are, de asemenea, un certificat de traducător. În timpul studiilor de masterat în Kassel, a acumulat experienţă în sectorul energetic. Mai târziu s-a specializat în Politica energiei, mediului şi climei. În paralel, a continuat cercetarea empirică în domeniul complexităţii şi coerenţei lingvistice. Locuieşte în Berlin din 2015 şi a devenit mamă în 2020, fapt ce a inspirat-o să revină la una din pasiunile timpurii, cea de a scrie poezie. De aceasta dată pentru fiul ei. Cezara Missing este cetăţean român şi german. S-a născut în Bucovina, regiune pe care o consideră tărâm sacru în geografia personală.

Cezara Missing has a Phd in Teaching German as a Foreign and Second Language and studied German and English Language and Literature in Iasi, Kassel and Göttingen. She is also a certified translator. During her master's studies in Kassel she also gained experience in the energy sector. Later on, she started specializing in the field of Energy, Environment and Climate Policy, in addition to her empirical research on complexity and coherence in language. Based in Berlin since 2015, she became a mother in 2020, which inspired her to reignite one of her earliest passions, writing poetry. This time to her son. Cezara Missing is a Romanian and German citizen, born in Bucovina, a region which she considers to be a sacred realm in her personal geography.